# BEI GRIN MACHT SICH IHR WISSEN BEZAHLT

- Wir veröffentlichen Ihre Hausarbeit, Bachelor- und Masterarbeit

- Ihr eigenes eBook und Buch - weltweit in allen wichtigen Shops

- Verdienen Sie an jedem Verkauf

Jetzt bei www.GRIN.com hochladen und kostenlos publizieren

Tim N.

# Entwurfsmuster der Programmierung in der Informatik

GRIN Verlag

## Bibliografische Information der Deutschen Nationalbibliothek:

Die Deutsche Bibliothek verzeichnet diese Publikation in der Deutschen National-bibliografie; detaillierte bibliografische Daten sind im Internet über http://dnb.d-nb.de/ abrufbar.

## Impressum:

Copyright © 2015 GRIN Verlag GmbH
Druck und Bindung: Books on Demand GmbH, Norderstedt Germany
ISBN: 978-3-656-94916-9

## Dieses Buch bei GRIN:

http://www.grin.com/de/e-book/298599/entwurfsmuster-der-programmierung-in-der-informatik

**GRIN - Your knowledge has value**

Der GRIN Verlag publiziert seit 1998 wissenschaftliche Arbeiten von Studenten, Hochschullehrern und anderen Akademikern als eBook und gedrucktes Buch. Die Verlagswebsite www.grin.com ist die ideale Plattform zur Veröffentlichung von Hausarbeiten, Abschlussarbeiten, wissenschaftlichen Aufsätzen, Dissertationen und Fachbüchern.

**Besuchen Sie uns im Internet:**

http://www.grin.com/

http://www.facebook.com/grincom

http://www.twitter.com/grin_com

# Inhaltsverzeichnis

# 1. Einleitung

Seit der Veröffentlichung des Buches „Entwurfsmuster – Elemente wiederverwendbarer objektorientierter Software" von Erich Gamma, Richard Helm, Ralph Johnson und John Vlissides haben Entwurfsmuster in der Informatik eine immer größere Bedeutung angenommen. Lösungen für Softwareentwicklungsprobleme, die vorher von Entwicklern immer wieder neu gefunden werden mussten, wurden ab da in Büchern und Musterkatalogen zusammengefasst, sodass jeder Entwickler darauf Zugriff hat und sie für auftretende Entwurfsprobleme in der Programmierung immer wieder verwenden kann.

Ich habe mich für dieses Thema entschieden, da ich mich schon vorher mit Entwurfsmustern befasst und deshalb Vorerfahrung hatte. Außerdem ist es hilfreich, sich über die Grundlagen von Entwurfsmustern auszukennen, damit man bei Entwurfsproblemen die Möglichkeit hat, nach einem passenden Muster zu suchen und dieses darauf anwenden zu können.

Ziel dieser Arbeit ist es, einen Überblick über den Zweck und die Verwendung von Entwurfsmustern zu verschaffen. Dazu werden zuerst grundlegende Konzepte erläutert und dann anhand von Beispielen die konkrete Verwendung von verschiedenen Entwurfsmustern gezeigt.

# 2. Entwurfsmuster in der Informatik

## 2.1 Definition

Ein Entwurfsmuster ist eine wiederverwendbare Lösung für ein allgemeines, wiederkehrendes Entwurfsproblem, das in einem bestimmten Kontext auftritt. Solch eine Lösung kann beliebig oft angewendet werden, wobei die Ausführung jedes Mal variiert.[1]

Ein Muster setzt sich zusammen aus vier Elementen: Mustername, Problemabschnitt, Lösungsabschnitt und Konsequenzenabschnitt. Der Mustername beschreibt in etwa die Funktion des Musters und führt auch zu einem erweiterten Entwurfsvokabular (siehe 2.4). Der Problemabschnitt beschreibt das behandelte Problem und dessen Kontext. Der Lösungsabschnitt beschreibt den Aufbau der Lösung für das Problem (z.B. als Klassendiagramm). Der Konsequenzenabschnitt beschreibt Vor- und Nachteile, die aus der Verwendung des Musters hervorgehen. Vorteile können z.B. verbesserte Struktur und Flexibilität sein, zu den Nachteilen gehören erhöhte Ausführungszeit, mehr Speicherplatzverbrauch und manchmal auch niedrigere Flexibilität.[2]

## 2.2 Entstehung von Entwurfsmustern

Entwurfsmuster können dadurch entstehen, dass ein Entwickler bei einem Programmierentwurf auf ein Problem stößt und für dieses Problem eine Lösung finden will, die sich auch für andere, ähnliche Probleme anwenden lässt, die im gleichen Kontext ste-

---

[1] Vgl. Gamma 1996, S.3
[2] Vgl. Gamma 1996, S.3f

hen. Zum Beispiel könnte ein Entwickler verhindern wollen, dass jemand von einer seiner Klassen zwei Instanzen erstellt und deshalb nach einem Weg suchen, die mehrfache Instanziierung von Klassen zu verhindern. Eine allgemeine Lösung für dieses Problem würde dazu führen, dass auch andere Entwickler diese Lösung verwenden könnten, wenn ihr Problem im gleichen Kontext steht (es soll nur eine Instanz von einer Klasse erstellt werden können), auch wenn ihre Klasse eine völlig andere ist.

Entwurfsmuster werden nicht erfunden, da sie durch Prinzipien der objektorientierten Programmierung quasi schon vorhanden sind und angewendet werden können und deshalb nur erst „entdeckt" werden müssen. Wenn ein Entwickler meint, ein neues Entwurfsmuster gefunden zu haben, muss es erst von mindestens drei anderen Entwicklern in einer Softwarelösung eingesetzt werden, bevor es sich als Entwurfsmuster qualifiziert.[3]

## 2.3 Anwendung von Entwurfsmustern

Wenn man ein Entwurfsmuster in seinem Code verwenden will (entweder, weil man vor einem Entwurfsproblem steht oder weil man Struktur in seinen Entwurf bringen will), sollte man am besten in einen Musterkatalog nachschlagen und dort nach einem geeigneten Muster suchen. Musterkataloge sind immer nach einem ähnlichen Schema für die Beschreibung von Mustern aufgebaut, das in dem ersten, grundlegenden Musterkatalog[4] wie folgt aussieht:

- Zweck
- Auch bekannt als
- Motivation
- Anwendbarkeit
- Struktur
- Teilnehmer
- Interaktionen
- Konsequenzen
- Implementierung
- Beispielcode
- Bekannte Verwendungen
- Verwandte Muster

Wenn man sich fragt, ob ein Entwurfsmuster für ein spezifisches Problem geeignet ist, sollte man in die Abschnitte „Zweck", „Motivation" und „Anwendbarkeit" schauen und diese mit der gegebenen Situation vergleichen. Außerdem sollte man bei „Konsequenzen" schauen, ob die Verwendung des Musters unerwünschte Nebeneffekte mit sich bringt. Meint man, dass das Muster sich eignet, kann man sich für die Implementierung das Klassendiagramm (bei „Struktur") anschauen und bei „Teilnehmer" und „Interaktionen" die Rollen der vorkommenden Klassen und Objekte herausfinden. Außerdem können die Abschnitte „Implementierung" und „Beispielcode" weitere Implementie-

---

[3] Vgl. Freeman 2006, S.586
[4] Vgl. Gamma 1996, S.99-429

rungsdetails verdeutlichen. Der Abschnitt „Verwandte Muster" beschreibt außerdem, ob das Muster in Verbindung mit anderen Mustern verwendet werden kann oder sollte und manchmal auch, ob es ein ähnliches Muster gibt und wie sich dieses unterscheidet.[5]

## 2.4 Vor- und Nachteile

Entwurfsmuster haben den Vorteil, dass sie eine wiederverwendbare Lösung für viele Entwurfsprobleme darstellen und deswegen für diese Probleme nicht immer wieder eine neue Lösung gefunden werden muss. Sie können den Quellcode übersichtlicher machen und strukturieren, da die Klassendiagramme von Entwurfsmustern sich meistens nach leicht verständlichen Konzepten richten. Außerdem bieten sie ein gemeinsames Mustervokabular, sodass man oft im Entwurf über die Verwendung von Mustern sprechen kann, anstatt sich gleich in Details der Implementierung zu verwickeln.[6] Dieses Mustervokabular kann darüber hinaus auch bei der Dokumentierung helfen.

Ein Nachteil von Entwurfsmustern ist, dass sie zu mehr Komplexität führen können, vor allem, wenn sie zu häufig angewendet werden. Werden in einem Entwurf viele Muster verwendet, kann es schwer werden, den Überblick zu behalten. Deswegen sollte man sich um Einfachheit im Code bemühen und Muster nur verwenden, wenn sie wirklich weiterhelfen.[7]

## 2.5 Entwurfsprinzipien

Es gibt verschiedene Entwurfsprinzipien, nach denen die meisten objektorientierten Entwürfe aufgebaut werden. Diese Prinzipien sind nützlich, um den Code strukturiert zu halten und die Ziele der objektorientierten Programmierung, wie z.B. Erweiterbarkeit, Wiederverwendbarkeit und Wartbarkeit, erfüllen zu können. Dabei sind diese Prinzipien eher Richtlinien statt feste Regeln, da, wenn man sich in jedem Fall an sie halten würde, viel Flexibilität verhindert werden würde und dies in manchen Fällen auch nicht möglich ist.[8] Entwurfsmuster sind meistens nach diesen Entwurfsprinzipien aufgebaut.

Es werden hier einige der wichtigsten Entwurfsprinzipien vorgestellt und ihre Bedeutung kurz erläutert:

*„Identifizieren sie die Aspekte Ihrer Anwendung, die sich ändern können, und trennen Sie sie von denen, die konstant bleiben."*[9]

Wenn man ein Verhalten in einer Superklasse definiert, erben alle Unterklassen dieses Verhalten und können es höchstens erweitern oder überschreiben. Allerdings kann es manchmal passieren, dass sich ein Verhalten nicht für alle Unterklassen eignet.

---

[5] Vgl. Freeman 2006, S.584f
[6] Vgl. Freeman 2006, S.26
[7] Vgl. Freeman 2006, S.598
[8] Vgl. Freeman 2006, S. 87
[9] Freeman 2006, S.9

Damit die veränderlichen Teile einer Anwendung (wie z.B. ein solches Verhalten) ohne Auswirkung auf den restlichen Code wartbar und erweiterbar bleiben, ist es nützlich, diese Teile zu kapseln, was fast alle Muster bei verschiedenen Problemen bewerkstelligen können.[10]

*„Programmieren Sie auf eine Schnittstelle, nicht auf eine Implementierung."[11]*

Wenn man mit der Verwendung von Polymorphie auf eine Schnittstelle programmiert, wird der Code dadurch flexibler, da man weitere Untertypen hinzufügen kann, anstatt sich im Code auf konkrete Typen festzulegen. Man kann z.B. das konkrete Erstellen von Objekten in dafür geschriebene Klassen auslagern und so die Objekterstellung von einer Schnittstelle aus kontrollieren.

*„Ziehen Sie Komposition der Vererbung vor."[12]*

Komposition beschreibt die HAT-EIN-Beziehung zwischen Objekten, also wenn Attribute auf andere Objekte verweisen. Komposition kann Vererbung überlegen sein, da, wie im ersten genannten Entwurfsprinzip beschrieben wurde, durch Vererbung Code über die Unterklassen verdoppelt wird. Komposition ermöglicht es, das Verhalten eines Objekts zur Laufzeit zu ändern, wenn der Zustand eines Attributs verändert wird.

## 2.6 Arten von Entwurfsmustern

Entwurfsmuster werden meistens in die Kategorien Erzeugung, Verhalten und Struktur eingeteilt – diese Aufteilung spiegelt die Aufgaben der Muster wieder. Erzeugungsmuster (z.B. Abstract Factory, Factory Method und Singleton) kapseln Teile der Objekterzeugung. Verhaltensmuster (z.B. Observer, Iterator und Strategy) befassen sich mit den Interaktionen zwischen Klassen und Objekten und der Aufteilung von Zuständigkeiten. Strukturmuster (z.B. Adapter, Composite und Decorator) zeigen, wie Klassen und Objekte zusammengesetzt werden können und dadurch größere Strukturen entstehen.[13]

Ein anderes Kriterium, nach dem Entwurfsmuster aufgeteilt werden können, ist der Gültigkeitsbereich, der angibt, auf welche Programmierelemente sich das Muster hauptsächlich bezieht. Es gibt objektbasierte Muster (z.B. Singleton, Decorator und Observer) und klassenbasierte Muster (z.B. Factory Method und Template Method). Einige Muster, wie das Adapter-Muster, können sowohl objektbasiert als auch klassenbasiert sein. Eine große Mehrheit von Entwurfsmustern ist objektbasiert.[14]

---

[10] Vgl. Freeman 2006, S.9
[11] Freeman 2006, S.11
[12] Freeman 2006, S.23
[13] Vgl. Gamma 1996, S.14
[14] Vgl. Gamma 1996, S.14f

## 2.7 Zusammengesetzte Muster

Mehrere Entwurfsmuster können sich auch zu einem größeren Muster zusammensetzen lassen. Dabei ist es ein Unterschied, ob einfach nur mehrere Muster in einem Entwurf verwendet werden, da ein zusammengesetztes Muster wie ein einfaches Muster auch eine größere Struktur darstellt.[15]

Das bekannteste zusammengesetzte Muster ist das Model-View-Controller-Muster (MVC)[16], das sich aus den einzelnen Mustern Strategy, Observer und Composite zusammensetzt. Es wird für die Strukturierung von Code hinter grafischen Benutzeroberflächen (GUIs) verwendet. Dabei wird der Code durch Einteilung in die Teile Model, View und Controller stärker als in gewöhnlichen GUI-Anwendungen entkoppelt (die einzelnen Teile sind weniger voneinander abhängig).[17]

Die einzelnen Teile werden jeweils durch Objekte repräsentiert. Das Model enthält den logischen Teil der Anwendung und implementiert das Observer-Muster, um View und Controller über Veränderungen seines Zustands informieren zu können. Der Controller registriert Benutzereingaben und löst abhängig von ihnen Aktionen auf dem Model aus. Er implementiert das Strategy-Muster, sodass er auf Benutzereingaben unterschiedlich reagieren kann, da sein Verhalten austauschbar ist. Der View repräsentiert den sichtbaren Teil der GUI und wird durch Benachrichtigungen vom Model (durch das Observer-Muster) aktualisiert, nachdem er das Model nach seinem Zustand gefragt hat. Er verwendet das Composite-Muster, um die Komponenten der GUI in eine Baumstruktur einzuteilen, sodass z.b. einzelne Buttons zusammen gruppiert werden und diese Gruppierung als eine weitere Komponente betrachtet wird. Die oberste Komponente erhält dabei alle anderen Komponenten der GUI. Der View informiert außerdem den Controller von Benutzereingaben und kann auch vom Controller dazu aufgefordert werden, seine Anzeige zu ändern.[18]

Weitere zusammengesetzte Entwurfsmuster sind zum Beispiel Model View Presenter (MVP) und Model View ViewModel (MVVM), die beide aus dem MVC-Muster hervorgehen.[19]

# 3. Beispiele für Entwurfsmuster

## 3.1 Strategy (Verhaltensmuster)

*„Definiere eine Familie von Algorithmen, kapsele jeden einzelnen und mache sie austauschbar. Das Strategiemuster ermöglicht es, den Algorithmus unabhängig von ihn nutzenden Klienten zu variieren."[20]*

---

[15] Vgl. Freeman 2006, S.522
[16] Vgl. Freeman 2006, S.526
[17] Vgl. Gamma 1996, S.5ff
[18] Vgl. Freeman 2006, S.530ff
[19] Vgl. http://de.wikipedia.org/wiki/Model_View_Presenter und
http://de.wikipedia.org/wiki/Model_View_ViewModel (Stand: 01.03.2014)
[20] Gamma 1996, S.373

Wenn man in einem Programm Vererbung verwendet, bedeutet das, dass alle Unter-klassen einer Superklasse das Verhalten von dieser Superklasse erben und nur die Möglichkeiten haben, dieses Verhalten zu erweitern oder zu überschreiben. Das hat den Nachteil, dass das Verhalten von Klassen in einer Superklasse festgelegt ist und sich nicht gut variieren lässt.[21] Das Strategy-Muster ermöglicht den Austausch von Verhalten in Objekten, wobei es sich nach den Prinzipien richtet, Veränderliches (die Verhalten) zu kapseln und Kapselung der Vererbung vorzuziehen. Ein Beispiel für eine Situation, in der eine solche Kapselung von Verhalten sinnvoll ist, ist ein Textverarbei-tungssystem, bei dem es verschiedene Algorithmen für den Zeilenumbruch gibt. Es ist nicht sinnvoll, all diese Algorithmen in den Klassen zu codieren, die sie benötigen, da dies den Code komplexer und schwerer wartbar machen würde. Außerdem werden nicht immer alle Algorithmen in einem Kontext benötigt, weshalb es unsinnig ist, sie immer alle bereitzustellen.[22] Es lohnt sich also, eine getrennte Schnittstelle für die ver-schiedenen Algorithmen für den Zeilenumbruch zu erstellen.

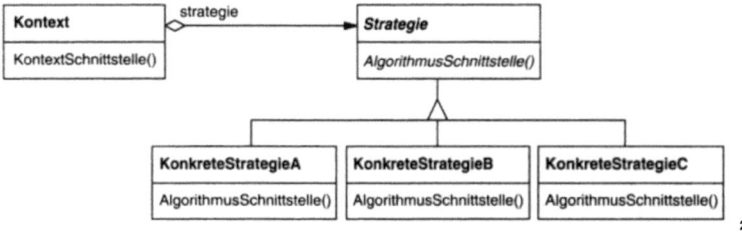

Das Strategy-Muster setzt sich zusammen aus einer Schnittstelle, die meistens durch eine abstrakte Klasse repräsentiert wird, und konkrete Strategieklassen, die diese Schnittstelle erweitern. Die konkreten Klassen definieren verschiedene Verhaltenswei-sen, mit denen die oft abstrakten Methoden aus der Schnittstelle erweitert bzw. imple-mentiert werden. Der Kontext, der die Strategien verwenden will, erstellt eine Referenz auf ein Objekt vom Typ der erwähnten Schnittstelle. Diese Referenz kann jetzt durch Polymorphie jedes beliebige konkrete Verhalten annehmen, das in den konkreten Stra-tegieklassen definiert wurde, indem einfach ein Objekt einer solchen Klasse darauf erstellt wird und eine oder mehrere Methoden in der Kontextklasse ihren Aufruf an Me-thoden aus dem Strategieobjekt delegieren. Durch diese Delegation ist das Verhalten von der Kontextklasse entkoppelt und kann durch eine Setter-Methode zur Laufzeit jederzeit ausgetauscht werden, wenn ein anderes Verhalten benötigt wird.[24]

[21] Vgl. Freeman 2006, S.4
[22] Vgl. Gamma 1996, S.373
[23] Gamma 1996, S.375 (Abbildung 5.29)
[24] Vgl. Freeman 2006, S.20

## 3.2 Decorator (Strukturmuster)

*„Erweitere ein Objekt dynamisch um Zuständigkeiten. Dekorierer bieten eine flexible Alternative zur Unterklassenbildung, um die Funktionalität einer Klasse zu erweitern."*[25]

Bei der Verwendung von Vererbung wird zur Kompilierzeit auf eine statische Weise festgelegt, welches Verhalten Klassen und deren Unterklassen besitzen. Wie das Strategy-Muster bietet auch das Decorator-Muster eine Möglichkeit, dieses Verhalten flexibler zu halten, indem es ermöglicht, Objektinstanzen zur Laufzeit neue Verhaltensweisen hinzuzufügen bzw. alte zu erweitern. Ein Beispiel für einen Anwendungszweck sind Komponenten in einer GUI, die zum Beispiel mit Scrollbalken oder einem Rahmen erweitert werden können.[26] Diese grafischen Erweiterungen werden in dem Muster durch Dekorierer-Objekte repräsentiert.

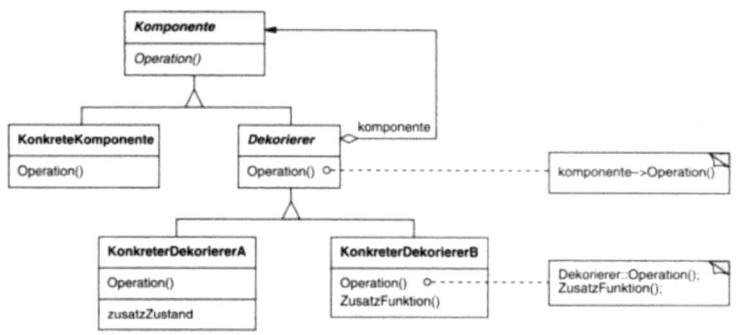

27

Oben im Klassendiagramm steht eine beliebige, wahrscheinlich abstrakte Superklasse (Komponente). Diese Klasse wird durch eine beliebige Anzahl konkreter Klassen erweitert. Dies sind die konkreten Komponenten, denen später das zusätzliche Verhalten hinzugefügt werden soll. Eine spezielle (abstrakte) Klasse, die die oben stehende Komponente erweitert, ist der sogenannte Dekorierer. Dieser abstrakte Dekorierer legt Methoden fest, die von den konkreten Dekorierern implementiert werden müssen. Außerdem erhält er eine Referenzvariable auf ein Objekt vom Typ der abstrakten Komponenten. Den Konstruktoren von sowohl der abstrakten als auch den konkreten Dekoriererklassen wird ein solches Objekt übergeben, wobei die konkreten Klassen es oft an den jeweiligen Superkonstruktor weitergeben, der die Referenzvariable darauf setzt, sodass alle konkreten Dekorierer auf diese Referenz Zugriff haben. Die Referenz hat den Sinn, dass alle Dekoriererklassen Teile ihre Methodenaufrufe an das dem Konstruktor übergebene Objekt delegieren und so das Verhalten dieses Objekts erweitern können.[28] Auf dieses erweiterte Verhalten wird dann zugegriffen, indem mehrere Dekoriererobjekte durch die Parameter in den Konstruktoren verschachtelt werden. Das

[25] Gamma 1996, S.199
[26] Vgl. Gamma 1996, S.199
[27] Gamma 1996, S. 202 (Abbildung 4.14)
[28] Vgl. Freeman 2006, S.90

äußere Dekoriererobjekt repräsentiert eine Instanz einer konkreten Komponente[29], da es wie die gewöhnlichen Komponenten die abstrakte Komponentenklasse erweitert und so deren Methoden erbt und sie meistens mit der Verwendung von Delegierung erweitert. Ein Beispiel für eine solche Erweiterung wäre eine `getPreis()`-Methode, die durch einen Aufruf wie `return 0.20 + komponente.getPreis();` den durch Delegierung erhaltenen Preis um 0.20 erhöht und zurückgibt.[30]

Dekorierer können beliebig miteinander verschachtelt werden. So wäre es zum Beispiel möglich, eine grafische Komponente zu erstellen, die einen Scrollbalken und zwei Rahmen hat, indem ein Scrollbalken-Dekorierer um die Komponente, ein Rahmen-Dekorierer um den Scrollbalken-Dekorierer und ein weiterer Rahmen-Dekorierer um den ersten Rahmen-Dekorierer „gepackt" wird.[31]

## 3.3 Singleton (Erzeugungsmuster)

*„Sichere ab, [dass] eine Klasse genau ein Exemplar besitzt, und stelle einen globalen Zugriffspunkt darauf bereit."[32]*

Bei manchen Klassen ist es wichtig, dass von ihnen nur eine Instanz erstellt werden kann, da mehrere Instanzen von ihnen ungewollte Folgen hätten oder es im Kontext keinen Sinn ergeben würde. Beispiele für solche Klassen bzw. deren Instanzen sind Thread-Pools, Dialogfenster, Objekte zur Verwaltung von Einstellungen und Objekte, die Treiber repräsentieren. Das Singleton-Muster bietet eine Möglichkeit, die mehrfache Instanziierung solcher Klassen zu verhindern und führt außerdem dazu, dass die einzelnen Objekte nur dann erstellt werden, wenn sie benötigt werden, wogegen globalen Variablen zugewiesene Objekte meist beim Programmstart erstellt werden.[33]

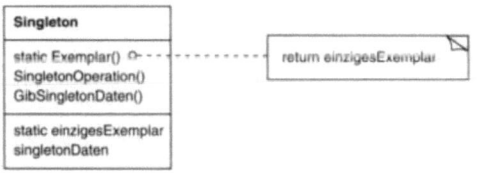

34

Das Entwurfsmuster besteht nur aus einer einzigen Klasse, die als Singleton bezeichnet wird. Der Konstruktor in dieser Klasse ist als `private` deklariert, damit von außerhalb keine neue Instanz durch den direkten Aufruf des Konstruktors erstellt werden kann. Stattdessen besitzt das Singleton eine statische Methode (im Klassendiagramm `static Exemplar()`), durch die man auf eine Instanz der Klasse zugreifen kann. Wenn diese Methode zum Ersten Mal aufgerufen wird, wird innerhalb der Singleton-Klasse

[29] Vgl. Freeman 2006, S.89
[30] Vgl. Freeman 2006, S.97
[31] Vgl. Gamma 1996, S.203
[32] Gamma 1996, S.157
[33] Vgl. Freeman 2006, S.170
[34] Gamma 1996, S.158 (Abbildung 3.12)

eine Instanz derselben Klasse erstellt und diese einer statischen, meist privaten Variablen (hier: `static einzigesExemplar`) zugewiesen. Bei jedem Aufruf der statischen Methode wird zuerst überprüft, ob die statische Variable schon ein Objekt zugewiesen bekommen hat – wenn ja, wird dieses Objekt zurückgegeben, wenn nicht, wird es neu erstellt.[35] Wie jede Klasse kann das Singleton eine beliebige Anzahl Attribute und Methoden definieren, die sein Verhalten bestimmen.

Beim Implementieren der statischen Methode für das Zurückgeben des Singleton-Objekts sollte darauf geachtet werden, dass die Methode thread-sicher ist.[36] Es kann passieren, dass ein Thread in der Zeile, die überprüft, ob das Objekt schon erstellt worden ist, unterbricht und so ein zweiter Thread in die Methode eintreten kann, wodurch ungewollt ein zweites Objekt erzeugt werden würde. Eine Lösung für dieses Problem wäre, die Methode zu synchronisieren, allerdings führt dies zu Leistungseinbußen, die beachtet werden sollten, wenn die Methode häufig aufgerufen wird. Eine zweite Lösung wäre, das Singleton-Objekt mit einem statischen Initialisierer schon vorab zu erstellen, was nützlich ist, wenn man weiß, dass das Objekt im Verlauf des Programms auf jeden Fall erstellt wird und die Leistungseinbuße bei der anfänglichen Objekterstellung nicht zu gravierend sind. In Java gibt es außerdem die Möglichkeit des zweifach geprüften Sperrens, bei der die Objekterstellung nur synchronisiert wird, wenn die statische Variable `null` ist, also nur beim ersten Methodenaufruf.[37]

# 4. Anwendung der vorgestellten Entwurfsmuster am Beispiel Sokoban

## 4.1 Zielsetzung

Um die konkrete Verwendung der Entwurfsmuster Strategy, Decorator und Singleton zu zeigen, soll ein Programm in Java entwickelt werden, dass alle drei Muster verwendet. Ich habe mich hierbei für das Spiel Sokoban entschieden. Sokoban ist ein Logikspiel, bei dem es darum geht, Kisten auf die in einem Labyrinth vorgegebenen Zielpositionen zu schieben, wobei immer nur eine Kiste auf einmal verschoben werden kann. Der vollständige Quellcode für dieses Programm findet sich auf der beiliegenden CD.

In dem Spiel werden die auf dem Spielfeld angezeigten Objekte in Untertypen der Klassen `Field` (Feld) und `Item` (Gegenstand) eingeteilt, die beide von der Klasse `Tile` erben. Felder sind dabei die Untergründe (z.B. Gras und Zielfelder für Kisten), auf denen sich Gegenstände (z.B. Kisten, Hindernisse und die Spielfigur) befinden können. Diese Klassen sollen so implementiert werden, dass das Spiel sich leicht mit weiteren Feldern und Gegenständen und deren spezifischen Verhaltensweisen erweitern ließe. Das Verhalten der einzelnen Felder und Gegenstände wird daher mit Hilfe des Strategy-Musters implementiert. Die Bilder (Sprites) für diese Spielobjekte werden mit der Klasse `SpriteLibrary` geladen, die ein Singleton ist. Außerdem gibt es die Klasse `SokobanLevelReader`, die zum Laden der Level des Spiels aus Textdateien benutzt wird

---

[35] Vgl. Freeman 2006, S.173
[36] Vgl. Freeman 2006, S.178
[37] Vgl. Freeman 2006, S.180ff

und die das Verhalten der java.io-Klasse BufferedReader durch Gebrauch des Decorator-Musters erweitert.

## 4.2 Strategy: Die Verhaltensschnittstellen PushBehavior und PushOverBehavior

Die beiden abstrakten Klassen PushBehavior und PushOverBehavior stehen für die Verhaltensweisen, die beim Schieben eines Gegenstands auf ein daneben liegendes Feld auftreten können. Sie deklarieren jeweils eine abstrakte Methode, die ihre konkreten Unterklassen implementieren müssen.

```
public abstract class PushBehavior {
    public static final int NOTHING_TO_PUSH = 0;
    public static final int CAN_PUSH = 1;
    public static final int CANT_PUSH = 2;

    protected Item item; // Der Gegenstand, der geschoben wird

    public PushBehavior(Item item) {
        this.item = item;
    }

    public abstract int push(char dir); // Schiebe den Gegenstand in
                                        // die Richtung
}
```

Die abstrakte Klasse Item besitzt eine Referenz auf ein Objekt vom Typ PushBehavior, der als Standartwert eine Instanz der Klasse HeavyItemPush zugewiesen wird. Item definiert eine Methode für das Schieben des Gegenstands, deren Aufruf an die Methode push(char dir) aus dem jeweiligen Verhalten für das Schieben delegiert wird:

```
public int push(char dir) {
    return pushBehavior.push(dir);
}
```

So kann also beispielsweise in einer Unterklasse von Item das Schiebeverhalten durch den Aufruf eines Setters im Konstruktor verändert werden:

```
public class Stone extends Item
{
    public static final int ID = 1;

    public Stone() {
        setPushBehavior(new TooHeavyToPush(this)); // Kann nicht
                                                   // geschoben werden
    }
}
```

Die Klasse PushOberBehavior ist ähnlich wie PushBehavior aufgebaut, allerdings bezieht sie sich auf Instanzen von Field anstatt von Item, so besitzt also auch die Klasse Field die Referenzvariable vom Typ PushOverBehavior und die delegierende Methode. Die Methode pushOver(Item item), die als Gegenstück zu push(char dir) gilt, gibt außerdem einen booleschen Wert zurück, da es nur zwei Mögliche Ergebnisse für die

Überprüfung gibt (es kann oder es kann nicht über das Feld geschoben werden), wobei push(char dir) einen int zurückgibt, da es bei PushBehavior drei Möglichkeiten gibt (es kann oder kann nicht geschoben werden oder es gibt nichts zum Schieben), die durch die statischen finalen Variablen vom Typ int repräsentiert werden. Ein weiterer Unterschied ist, dass der Methode keine Richtung (durch eine char-Variable), sondern eine Instanz von Item übergeben wird, da es einen Gegenstand geben muss, der auf das Feld geschoben wird.

## 4.3 Decorator: Die Klasse SokobanLevelReader

Die Klasse SokobanLevelReader dient dazu, Level für das Spiel aus Textdateien zu laden, die in einem bestimmten Format geschrieben sind. Sie hat dazu jeweils eine Methode für das Lesen von Feldern und Gegenständen, die beide genau gleich aufgebaut sind. Diese Methoden nehmen als Argument eine Instanz von Level, erstellen darauf neue Felder bzw. Gegenstände abhängig vom Inhalt der Textdatei und geben das Level wieder zurück. Außerdem gibt es jeweils noch eine überladene Methode mit leerer Parameterliste, die die gleichnamige Methode mit dem Argument null aufruft, wenn kein Level-Objekt angegeben wurde. In dem Fall wird vor dem Erstellen von Feldern bzw. Gegenständen ein neuer Level erzeugt.

```java
public class SokobanLevelReader extends BufferedReader {
    public SokobanLevelReader(Reader reader) {
        super(reader);
    }

    public Level readFields() throws IOException {
        return readFields(null);
    }

    public Level readFields(Level level) throws IOException {
        int rows; // Zeilenanzahl
        int cols; // Spaltenanzahl
        ArrayList<String> lines = new ArrayList<String>();
        String line;

        // Zeilen lesen, bis leere Zeile erreicht wird
        while ((line = readLine()) != null && !line.equals("")) {
            lines.add(line);
        }

        // ausgelesene Zeilen auswerten, Felder zum Level hinzufügen
        [...]

        return level;
    }

    public Level readItems() throws IOException { [...] }
    public Level readItems(Level level) throws IOException { [...] }
}
```

Die Klasse SokobanLevelReader erbt von der Klasse BufferedReader, welche wiederum von der abstrakten Dekoriererklasse Reader aus dem Package java.io erbt. Es wird BufferedReader erweitert, da diese Klasse die Methode readLine() implementiert, die für das Lesen von Zeilen benötigt wird. Dem Konstruktor von SokobanLevelReader wird ein Objekt vom Typ Reader übergeben; dies ist das Objekt, welches SokobanLevelReader dekoriert.

```
SokobanLevelReader reader = new SokobanLevelReader(new FileReader(path));
```

Ein SokobanLevelReader wird erzeugt, indem ihm eine Instanz von z.B. FileReader, einer Unterklasse von Reader, übergeben wird. Mit ihm kann jetzt ein Level aus einer Textdatei gelesen werden, indem nach den Zeilen gesucht wird, ab denen die formatierte Beschreibung des Levels nach Feldern und Gegenständen beginnt (diese zwei Stellen wurden vorher in der Textdatei gekennzeichnet) und von dort aus die beiden Methoden readFields() und readItems(Level level) aufgerufen werden. Es wird readFields() ohne Argument aufgerufen, da man von einem leeren Level ausgeht und das Ergebnis von readFields() dann an readItems(Level level) übergibt, sodass dem Level, dem schon die Felder hinzugefügt wurden, auch die Gegenstände hinzugefügt werden können.

## 4.4 Singleton: Die Klasse SpriteLibrary

Die Klasse SpriteLibrary wird verwendet, um die Bilder (Sprites) für die Felder und Gegenstände zu laden, um sie auf dem Spielfenster anzeigen zu können. Da für diese Aufgabe nicht mehr als eine Instanz von SpriteLibrary benötigt wird und außerdem die schon geladenen Bilder innerhalb dieser Instanz gespeichert werden, verwendet die Klasse das Singleton-Muster. Dabei wird die einzige Instanz in einem statischen Initialisierer erzeugt, da sie im Verlauf des Programms auf jeden Fall benötigt wird und sich durch die vorzeitige Erzeugung keine Leistungsprobleme ergeben. Die Methode getInstance() ist die einzige Schnittstelle, mit der auf die Singleton-Instanz zugegriffen werden kann.

```java
public class SpriteLibrary {
    private static final SpriteLibrary instance = new SpriteLibrary();
    private HashMap<String, BufferedImage> images;

    private SpriteLibrary() {
        images = new HashMap<String, BufferedImage>();
    }

    public static SpriteLibrary getInstance() {
        return instance;
    }

    public BufferedImage[] grabSprite(String name) {
        // Prüfe, ob das Bild schon geladen wurde - wenn ja, entnehme es
        // aus der HashMap; wenn nicht, lade das Bild neu und füge es
        // zur HashMap hinzu
        [...]

        // Teile das Bild in gleich große Abschnitte und gebe
        // ein Array mit den Abschnitten zurück
        [...]
    }

    public BufferedImage loadImage(String path) {
        // Lade das Bild und gebe es zurück
        [...]
    }
}
```

Die SpriteLibrary verwendet eine HashMap (aus java.util), um die schon geladenen Bilder in einer Liste speichern und mit einem Schlüsselwort verbinden zu können. Es kann überprüft werden, ob ein Bild schon geladen wurde, indem geprüft wird, ob der String name aus grabSprite(String name) in der HashMap vorhanden ist. Die Methode gibt ein Array von Bildern zurück, da manche Felder oder Gegenstände mehrere sichtbare Zustände haben können; die Spielfigur kann z.b. in alle vier Himmelsrichtungen schauen.

# 5. Zusammenfassung und Ausblick

Entwurfsmuster bieten wiederverwendbare Lösungsansätze für in Softwareentwürfen auftretende Probleme, die nicht oder nicht gut allein mit standartmäßigen objektorientierten Programmiertechniken gelöst werden können. Sie fassen die von Entwicklern gemachten Erfahrungen zusammen, sodass andere Entwickler darauf Zugriff haben (z.B. durch Musterkataloge). Dabei nehmen Entwurfsmuster dem Programmierer keine Implementierungsdetails ab, sondern fassen vielmehr den allgemeinen Entwurfsaufbau zusammen. Die Muster werden meist eingeteilt in Strukturmuster, Verhaltensmuster und Erzeugungsmuster und außerdem kann es Zusammensetzungen von Entwurfsmustern geben.

Bei der Programmierung des Spiels Sokoban (siehe 4.) habe ich erkannt, dass vor allem das Strategy-Muster sehr nützlich ist, um bestimmte Spielinhalte flexibel und erweiterbar zu halten. Sowohl die Verwendung von Strategy als auch von Decorator hat dabei geholfen, einen möglicherweise veränderlichen Teil der Anwendung zu kapseln und so lockere Kopplung zu erreichen. Das Singleton-Muster hat sichergestellt, dass eine mehrfache Instanziierung, die zu Problemen führen würde, verhindert wird.

Heutzutage sind Entwurfsmuster aus der objektorientierten Programmierung nicht mehr wegzudenken. Von den bekanntesten Mustern werden in fast jedem objektorientierten System einige verwendet.[38] Muster bleiben also weiterhin ein wichtiger Bestandteil von objektorientierter Software, weshalb es sich lohnt, sich mit dem Thema auseinanderzusetzen.

---

[38] Vgl. Gamma 1996, S.xix

# 6. Literaturverzeichnis

**Freeman**, Eric / Freeman, Elisabeth (2006): Entwurfsmuster von Kopf bis Fuß (O'Reilly)

**Gamma**, Erich / Helm, Richard / Johnson, Ralph / Vlissides, John (1996): Entwurfs-muster – Elemente wiederverwendbarer objektorientierter Software (Addison-Wesley)

**Wikipedia**: http://de.wikipedia.org/wiki/Model_View_Presenter (Stand: 01.03.2014)

**Wikipedia**: http://de.wikipedia.org/wiki/Model_View_ViewModel (Stand: 01.03.2014)